ECOLECCIÓN TIERRAVIVA

LOS OCÉANOS

Lucy Baker

Asesor: Roger Hammond

ediciones sm Joaquín Turina 39   28044 Madrid

FOTOGRAFÍAS: p. 4, Greenpeace/Morgan; p. 5, Ardea/François Gohier; p. 7, Ardea/Ron & Valerie Taylor; pp. 8-9, ZEFA/Dr. D. James; p. 10, Planet Earth/Robert Arnold; p. 11, Oxford Scientific Films/Peter Parks (superior) y Oxford Scientific Films/Peter Parks (inferior); p. 12, Ardea/J. M. Labat (superior) y Oxford Scientific Films/G. I. Bernard (inferior); p. 13, Planet Earth/Peter David (superior izquierda), Planet Earth/Gillian Lythgoe (superior derecha) y Planet Earth/Peter Scoones (inferior); p. 14, Ardea/Ron & Valerie Taylor; p. 15, Planet Earth/Peter David; p. 16, Ardea/Clem Haagner; p. 17, Planet Earth/Jim Brandenburg (superior) y Ardea/François Gohier (inferior); pp. 18-19, B. & C. Alexander; p. 20, Ardea/Richard Vaughan; p. 21, ZEFA; pp. 22-23, Ardea/François Gohier; portada, Ardea/François Gohier; contraportada, Tony Stone Worldwide/Mike Smith. ILUSTRACIONES: Francis Mosley. DISEÑO: Claire Legemah.

Primera edición: febrero 1991
Segunda edición: octubre 1992
Tercera edición: enero 1994

Colección coordinada por **Paz Barroso**

Traducción del inglés: *María Córdoba*

Título original: *OCEANS*
© Two-Can Publishing Ltd., 1990
© Ediciones SM, 1990
   Joaquín Turina, 39 - 28044 Madrid

Comercializa: CESMA, SA - Aguacate, 43 - 28044 Madrid

ISBN: 84-348-3370-0
Depósito legal: M-1771-1994
Fotocomposición: Grafilia, SL
Impreso en España/Printed in Spain
Melsa - Ctra. de Fuenlabrada a Pinto, km 21,8 - Pinto (Madrid)

ÍNDICE

CONTEMPLA LOS OCÉANOS

Aproximadamente las dos terceras partes de nuestro planeta están cubiertas por enormes océanos. Éstos constituyen el **medio ambiente** con vida más antiguo. La vida comenzó en ellos hace más de 3.500 millones de años. Sin los océanos, la Tierra estaría seca, árida y sin vida.

Bajo los océanos del mundo se encuentran enormes montañas, volcanes activos, vastas mesetas y fosas casi sin fondo. Las fosas oceánicas más profundas podrían fácilmente cubrir las montañas más altas de la Tierra.

Vistos desde arriba, los océanos parecen vacíos e inalterables, pero bajo la superficie se esconde un mundo único, donde el agua ocupa el lugar del aire. Una fantástica y rica variedad de plantas y animales vive en estas aguas, desde el microscópico **plancton** hasta la gigantesca ballena azul.

¿SABÍAS QUE...?

● *La sal no es la única sustancia que se encuentra en el agua del mar. Hay también pequeñas partículas de oro, plata, uranio y de otros* **minerales** *valiosos.*

● *El sonido viaja a través del agua a una velocidad cinco veces mayor que por el aire. Algunos animales marinos, como los delfines, se guían a través de los océanos por el* **eco** *de los fuertes sonidos emitidos por ellos mismos.*

● *Aunque en nuestro planeta hay más agua que tierra, tan sólo recientemente hemos empezado a explorar sus profundidades. La primera vez que un hombre bajó a lo más profundo del océano fue en 1960.*

▶ No hay fronteras en el océano. Los animales pueden viajar libremente a través del agua. La mayor parte de los animales marinos respiran bajo agua, pero algunos, como los delfines y las ballenas, necesitan subir a la superficie para tomar aire cada pocos minutos.

◀ En los trópicos, los océanos son claros y cálidos; pero alrededor de los polos Norte y Sur son muy fríos. Algunas parte del océano permanecen congeladas durante todo el año Enormes témpanos de hielo, llamados icebergs, flotan en eso mares.

LA DIVISIÓN DE LOS MARES

En realidad sólo hay un océano. Se extiende desde el polo Norte hasta el polo Sur y rodea todo el globo. Sin embargo, como los **continentes** dividen el agua, se ha dividido en cuatro: el Pacífico, el Atlántico, el Índico y el Ártico.

A su vez, diversas formaciones de tierra aíslan partes de los océanos, formando mares, **bahías** y **golfos**.

El Pacífico es el más grande y profundo de los cuatro océanos. Cubre una superficie mundial mayor que todos los continentes juntos. Aunque la palabra «pacífico» significa tranquilo, en este

océano se originan frecuentemente considerable oleajes. Se han registrado olas de más de 35 metros en el Pacífico.

El océano Atlántico es el segundo más grande y más transitado. Los barcos normalmente cruzan aguas del Atlántico llevando su cargamento entr el continente americano, África y los países de Europa.

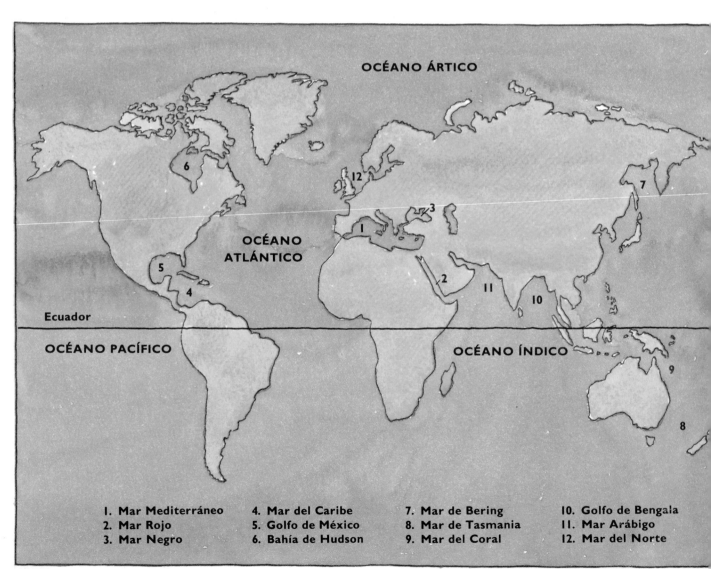

1. **Mar Mediterráneo**	4. **Mar del Caribe**	7. **Mar de Bering**	10. **Golfo de Bengala**
2. **Mar Rojo**	5. **Golfo de México**	8. **Mar de Tasmania**	11. **Mar Arábigo**
3. **Mar Negro**	6. **Bahía de Hudson**	9. **Mar del Coral**	12. **Mar del Norte**

¿LO SABÍAS...?

● *Una gota de agua de mar puede viajar a través de todos los océanos del mundo en 5.000 años.*

● *El océano Atlántico está creciendo, y el Pacífico, disminuyendo. Los continentes se mueven unos pocos centímetros cada año. Esto significa que las dimensiones relativas de los océanos cambian continuamente.*

● *Los buceadores griegos se hicieron famosos por haber alcanzado profundidades de 22 a 30,5 metros en busca de esponjas, corales y otros tesoros. Cuando el buceador necesitaba un poco de aire, introducía su cabeza dentro de una campana de buceo, hundida en el mar con aire en su interior.*

● *En varios países del mundo se cuenta la leyenda de un continente desaparecido, la Atlántida. Esta tierra se supone que se hallaba en el Atlántico, y se hundió en cuestión de un día y una noche, después de violentos terremotos e inundaciones.*

▲ En los cálidos mares tropicales, en aguas poco profundas y claras, se encuentran unas grandes estructuras rocosas conocidas como **arrecifes de corales**. Son obra de pequeños animales marinos llamados **pólipos**. Estos arrecifes encierran una enorme variedad de vida, mayor que en cualquier otra parte de los océanos.

OLAS EN MOVIMIENTO

Los océanos del mundo están siempre en movimiento. Viajan siguiendo trayectorias circulares bien definidas, llamadas corrientes oceánicas. Las corrientes fluyen llevando agua caliente procedente de los trópicos y agua fría de los polos. Cuando las dos corrientes se juntan, el agua fría se sumerge, quedando el agua caliente en la superficie.

Además de las corrientes oceánicas está también el movimiento regular de las **mareas.** Dos veces al día, en todo el mundo se produce la subida y bajada de los océanos a lo largo de las costas. Los científicos no saben exactamente cómo se produce este movimiento de las aguas, pero saben que está relacionado con la fuerza de atracción de la Luna y el Sol sobre la Tierra.

El movimiento continuo de los océanos es importante para la vida marina. Las mareas y corrientes llevan alimento de una parte a otra de océano. Agitan el agua y producen pequeñas burbujas de oxígeno, necesarias para que pueda respirar los animales del océano.

En el hemisferio norte, las corrientes oceánicas viajan en la dirección de las agujas del reloj. En hemisferio sur viajan en sentido contrario. El viento es la fuerza que empuja a las corrientes oceánicas.

EL PODER DEL OCÉANO

estrechos canales pueden formarse remolinos gigantes. Esas aguas turbulentas pueden hacer naufragar a las pequeñas embarcaciones.

Terremotos y erupciones volcánicas bajo la superficie del océano pueden causar enormes olas que recorren el agua hasta romper en la orilla. Se suele llamar a estas olas gigantes maremotos, pero su nombre específico es *tsunamis*. Allí donde confluyen dos fuertes corrientes al atravesar

ALIMENTARSE PARA VIVIR

Las plantas proporcionan el alimento básico para la vida en el océano, al igual que lo hacen en la Tierra. Las plantas que crecen en el agua se llaman algas, y existen dos grupos principales en los océanos.

Las algas que nos resultan más familiares son las que se encuentran cerca de nuestras costas. Lapas, litorinas y otros moluscos que viven cerca de las orillas comen algas, pero este alimento no es asequible para los animales en alta mar.

Las plantas marinas más importantes se llaman fitoplancton. Son pequeñas plantas flotantes que crecen allí donde la luz del sol penetra en el agua. En las capas superficiales de los océanos se encuentran nubes enormes de fitoplancton, aunque resultan pequeñas para ser divisadas a simple vista.

Flotando junto a ellas, y alimentándose a su costa, viven pequeños animales llamados zooplancton. Esta rica mezcla de vida animal y vegetal, llamada plancton, constituye la base de la vida en el mar.

EL PLANCTON

● *Es frecuente que los marinos que surcan el océano de noche vean un leve resplandor en la superficie del agua. Esto se debe a que, a veces, el plancton produce destellos de luz azul verdosa cuando es perturbado.*

● *Las primeras formas de vida debieron de ser, muy probablemente, similares al fitoplancton de hoy.*

● *Los animales más grandes del mundo se alimentan de plancton. Las ballenas azules pueden pesar unas 90 toneladas y medir hasta 30 metros de largo. Se alimentan de krill, pequeños animales del plancton, que filtran a través de las barbas, unas finas láminas córneas que penden del paladar.*

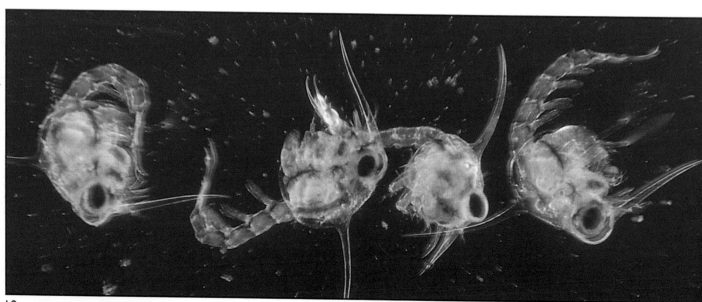

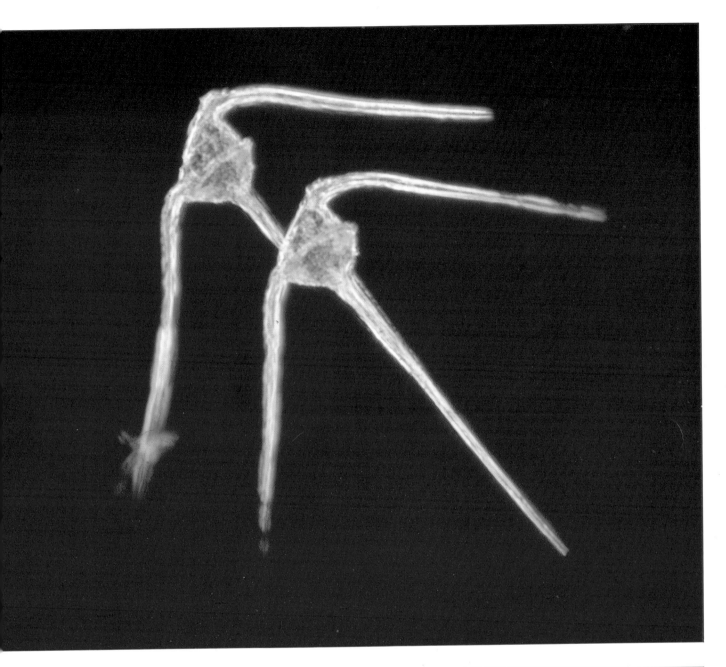

◀▲ Algunos miembros del
zooplancton son simples (formas
de vida unicelulares), pero
muchos otros son pequeñas larvas
de peces, cangrejos, estrellas de
mar y otros animales marinos.

▶ Muchas de las pequeñas
plantas flotantes que forman el
fitoplancton se unen formando
brazaletes y cadenas. Otras flotan
solas y tienen formas tan curiosas
como pastilleros, conchas de mar,
arpices, cintas o picos de hielo.

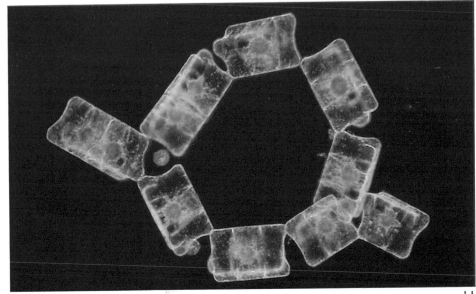

DE TODAS LAS FORMAS Y TAMAÑOS

Hay una asombrosa variedad de animales viviendo en los océanos del mundo. Sus tamaños, formas y colores cambian enormemente. La apariencia de los animales marinos depende, hasta cierto punto, de su modo de vida y de la parte del océano donde viven. Las anémonas marinas y las esponjas de mar, por ejemplo, pasan en el fondo del océano toda su vida y se parecen más a las plantas que a los animales.

Los peces son los animales marinos más conocidos, pero, aun así, a veces resulta difícil saber que pertenecen a ese grupo. Algunas especies, como las anguilas y los peces agujas de mar, parecen más gusanos o serpientes que peces. Otros, como el delicado caballito de mar, parece un tipo diferente de animal.

▲ Muchos animales marinos son transparentes o de color azul plateado, pero algunos tienen brillantes y llamativas marcas. Los animales más coloridos viven en las claras aguas tropicales. Su extraño aspecto y coloración los ayuda a asustar a sus enemigos.

◄ El pulpo es uno de los muchos animales curiosos del mar. Tiene ocho brazos y un cuerpo corto y redondeado. Muchos pulpos viven en el fondo del océano, donde se ocultan entre las rocas y capturan con las ventosas de sus largos tentáculos a los animales que se acercan. Para desplazarse rápidamente en caso de emergencia, expulsan agua con fuerza por el sifón que tienen en su cuerpo y salen disparados hacia atrás.

▲ Hace mucho frío en las negras profundidades del océano. Muchos animales que viven allí tienen el cuerpo luminoso, que emplean para atraer a sus presas. Los peces que viven en las profundidades marinas son muy extraños, como el rape (arriba). Cuando el macho encuentra a una hembra de su especie, se convierte en parásito de su compañera, clavándole los dientes y «pegándose» a su cuerpo. Poco a poco, su cuerpo se degenera y acaba convirtiéndose en una bolsa de esperma, que sirve para fertilizar los huevos de la hembra.

Las esponjas se incrustan en s rocas, los corales y la getación del fondo del mar, sde las costas poco profundas sta las mayores fosas marinas. xisten unas 3.500 clases de ponjas. Unas tienen forma de minas carnosas; otras, formas bulares, de copa, etc. Las ponjas filtran la materia muerta e se encuentra en el agua que s rodea.

La raya venenosa de manchas ules es de la misma clase del urón. Se desliza sobre el lecho l fondo del mar, alimentándose babosas, gusanos y otros imales marinos.

EL CAZADOR Y LA PRESA

Muchos animales marinos pasan su vida entera alimentándose de plancton, pero ellos, a su vez, sirven de alimento a otros animales. Se estima que por cada diez comedores de plancton hay, al menos, un depredador merodeando cerca.

Uno de los cazadores marinos más notorios y peligrosos es el tiburón. El tiburón tiene fama de devorador de hombres, pero de las 250 especies que existen, sólo 25 o 30 son peligrosas para los humanos.

Los tiburones son perfectas máquinas asesinas. S cuerpos están adaptados para moverse con gran rapidez, siendo así buenos cazadores, y sus boca contienen hileras de afilados dientes.

No todos los cazadores marinos son tan fieros y terribles como los tiburones. Las bellas anémona marinas, por ejemplo, parecen inofensivas, pero atrapan a los animales con sus gráciles tentáculos, parecidos a plumas, y les inyectan veneno.

LA DEFENSA

Los pulpos y los calamares expulsan tinta en la cara de sus atacantes. Así tienen tiempo para escapar.

Muchos animales marinos, como las almejas y las ostras, viven dentro de conchas. Las conchas les proporcionan una casa y les sirven de armadura, protegiendo sus blandos cuerpos.

El pez volador salta fuera del agua para escapar de sus enemigos.

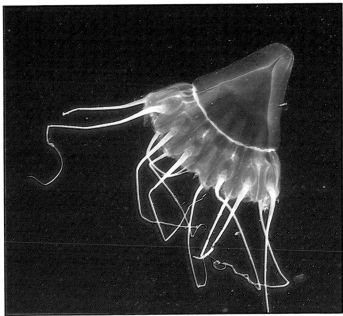

▲ Las medusas, como las anémonas marinas, capturan animales con sus tentáculos y luego los envenenan. Uno de los venenos naturales más poderosos del mundo es el que producen las medusas.

◄ Los tiburones nadan velozmente por el agua persiguiendo a sus presas: peces, focas, tortugas, ballenas pequeñas, otros tiburones y también aves marinas. Incluso cuando no van en busca de su próxima víctima, los tiburones deben permanecer en continuo movimiento, pues, de lo contrario, empiezan a hundirse.

EL REGRESO AL AGUA

A lo largo del tiempo, una pequeña procesión de animales terrestres ha regresado a los océanos en busca de su sustento. Reptiles, mamíferos y aves han desafiado las profundas aguas saladas para beneficiarse de las ricas ventajas de la vida en el mar.

Ballenas, focas, tortugas y pingüinos son algunos de los animales que han dejado la tierra estéril para colonizar los océanos. Estas criaturas no pueden respirar bajo el agua como verdaderos animales marinos, por lo que tienen que subir regularmente a la superficie para tomar aire.

Las ballenas son las colonizadoras más afortunad[as] del océano. La gente a menudo las confunde con peces. Las ballenas pasan toda su vida en el agu[a] pero la mayoría de los animales que han ocupad[o] el agua tienen que volver a tierra para reproducirse.

▼ Muchas aves son llamadas marinas porque viven [en] las costas o en islas remotas y encuentran su alimen[to] en el mar. Sin embargo, hay un ave en particular q[ue] pasa su vida en los océanos: el pingüino, que vive l[a] mayor parte del tiempo nadando en las aguas frías, pescando peces y otros animales marinos.

Los animales siguen acudiendo
os océanos del mundo. Los osos
lares son considerados
amíferos marinos porque pasan
mayor parte del tiempo en el
lado océano Ártico cazando
as. Son expertos nadadores y
nen unas peludas zarpas, anchas
planas, con membranas entre
dedos para ayudarlos a
overse por el agua.

Los reptiles marinos, como las
rtugas, están restringidos a las
nas calientes de los océanos del
ndo. Salen del agua para poner
huevos en las playas arenosas.

17

RECURSOS DEL OCÉANO

El hombre no puede vivir en los océanos, pero siempre ha aprovechado los recursos que estas aguas le proporcionan. Como la población humana se ha incrementado, acudimos cada vez más a los océanos en busca de alimentos y de materias primas. Hoy en día se sacan del mar alrededor de 50 millones de toneladas de pescado cada año, y una quinta parte del gas y el petróleo del mundo es extraído del fondo del mar.

Los métodos modernos de pesca son a menudo tan intensivos que devastan los bancos de peces y rompen el equilibrio de la vida marina.

Muchas de las áreas marinas más fértiles del pasado ya no pueden abastecer a las grandes flotas pesqueras, puesto que el número de pece ha disminuido considerablemente a causa de la explotación masiva.

Las redes que utilizan en la actualidad muchos pescadores pueden causar también problemas. Están hechas de nailon y no se pudren bajo el agua. Si se pierden estas redes en el mar, se convierten en trampas mortales para focas, delfines y otros animales marinos que no puede detectarlas.

peces no son los únicos animales que la gente
otura del mar. Cangrejos y langostas son otros
los muchos mariscos que proceden del mar.
mbién las esponjas son arrancadas del fondo del
éano y acaban en los cuartos de baño de todo el
undo. Algunas clases de focas y ballenas han
o tan exhaustivamente cazadas por el hombre
en busca de su carne, piel y aceite—, que
ualmente se encuentran en peligro de extinción.

La pesca es un gran negocio. Todos los días, miles
barcos lanzan sus redes en los océanos para
turar peces y otros animales marinos. Este
quero del mar del Norte es pequeño comparado
los grandes buques pesqueros. Los barcos más
ndes del mundo pueden medir unos 90 metros de
go.

PRODUCTOS DEL OCÉANO

- *Los balleneros modernos aprovechan casi hasta el último pedazo de las ballenas, que utilizan en pinturas, cosméticos, jabones, alimento, etc. También utilizan el aceite que producen para elaborar la margarina.*

- *La perla, una joya muy apreciada, se forma dentro de las conchas de ciertas ostras.*

- *Grandes nódulos de hierro, cobre y manganeso pueden extraerse del fondo del mar utilizando dragas de succión hidráulicas.*

- *En algunas tierras secas y estériles se desaliniza a veces el agua del mar para abastecer de agua dulce a la población.*

- *Las algas, además de alimento vegetal, son usadas para fabricar helados, pasta de dientes, pinturas, medicinas y otros productos que utilizamos diariamente.*

LA CONTAMINACIÓN DEL MAR

A pesar de que nosotros nos servimos de los recursos que los océanos nos proporcionan —entre otras cosas para la alimentación—, los tratamos como auténticos cubos de basura. Todas las basuras y desperdicios son arrojados al agua, y los **insecticidas** y **otras sustancias contaminantes** van a parar al océano, arrastrados por ríos y arroyos.

Estas sustancias contaminantes son muy perjudiciales para la vida en los océanos. Muchos animales marinos mueren asfixiados cada año por los desechos que flotan en el mar. El alto nivel de residuos **tóxicos** en muchos mares está envenenando a algunos animales y haciendo que otros se marchen.

Los mares rodeados de tierra, como el Mediterráneo, están entre los más contaminados, aunque en todas partes las aguas costeras están afectadas por la basura.

▲ Las mareas negras amenazan la vida marina. Esta pobre ave acuática morirá a menos que se limpie el petróleo de sus plumas.

PROBLEMAS DE LA CONTAMINACIÓN

● *Barriles herméticamente cerrados de peligrosos residuos químicos y radiactivos han sido depositados en varios océanos, pero nadie sabe si podrán aguantar sin romperse en el agua.*

● *En algunos lugares de todo el mundo, los alimentos obtenidos del mar no son adecuados para comer.*

Los puertos concurridos pueden aniquilar la vida en el océano. El combustible, los residuos y los envases vertidos en el agua hacen que en los puertos no pueda subsistir ningún ser vivo.

SALVEMOS LOS OCÉANOS

Todos los países del mundo están empezando a darse cuenta de lo importantes que son los océanos. Se han dictado leyes internacionales para restringir los vertidos de residuos, y algunos mamíferos marinos están ahora protegidos. Países costeros de los mares más sucios han empezado a llevar a cabo ambiciosos programas de limpieza de los mares.

Pero aún queda mucho por hacer. Hay que evitar la pesca excesiva para asegurar su subsistencia, y proteger a las especies marinas que están en peligro de extinción. En estos últimos años han sido enormes los daños causados por los buques petroleros que han derramado su carga mortífera en el mar. El petróleo no deja pasar la luz en el océano. Esto obstaculiza la producción d plancton, lo cual afecta a toda la vida marina. La opinión pública puede presionar a las compañías petrolíferas para que compren barcos más segur con el fin de evitar accidentes.

Se ha descubierto que algunas actividades, aparentemente inofensivas, en los océanos tienen efectos perjudiciales sobre la vida marina. Los cables eléctricos que cruzan el fondo del océano

olestan a algunas criaturas del fondo del mar y onfunden a muchos peces. Los tiburones uerden esos cables confundiéndolos con presas. l ruido de los barcos, los concurridos puertos osteros y las industrias que arrojan sus vertidos 1 los océanos ahuyentan a las focas, los delfines y ros animales de sus criaderos tradicionales.

as ballenas se han constituido en un símbolo ternacional de conservación del océano. Estas xtraordinarias criaturas han vivido en los océanos tes de que la gente viviera en la tierra. Son los gantes del mundo natural.

as ballenas han sido perseguidas y cazadas por s aceites y reservas alimenticias durante tantos los que ahora son difíciles de encontrar.

Mucha gente está de acuerdo en que no debemos matar ninguna ballena más y que tienen que existir leyes para proteger a las especies más grandes. Algunos países, sin embargo, continúan cazando ballenas y comiendo su carne como un manjar de lujo.

DAKUWACA LUCHA POR SU VIDA

Durante miles de años, la gente ha contado historias acerca del mundo que la rodea. A menudo, esas historias pretendían explicar algo que la gente no comprendía; por ejemplo, cómo comenzó el mundo o de dónde viene la luz. La historia que aquí se narra la cuenta la gente de Fidji, que depende del océano para alimentarse y para desplazarse.

Hace muchos años, los tiburones gobernaban las islas Fidji, en el océano Pacífico. Cada isla tenía su propio tiburón, que vivía junto al arrecife de entrada de la isla. Estos tiburones patrullaban las aguas de su territorio, desafiando a cualquiera que osara acercarse. Permitían la entrada a sus amigos, pero luchaban con los tiburones enemigos y les exigían un tributo.

Dakuwaca se consideraba el más poderoso de los tiburones. Era grand y muy fiero, y para divertirse no habí nada mejor que luchar contra otro tiburón. Nunca había perdido una lucha, y estaba convencido de que jamás sería vencido. No le importaba los terribles oleajes que causaban sus peleas, azotando tanto las aguas que hacían zozobrar las frágiles embarcaciones de los habitantes de la islas. A menudo también las casas de las islas eran arrasadas por grandes olas procedentes del océano.

Un buen día, Dakuwaca estaba patrullando por su arrecife cuando apareció otro tiburón, llamado Masilaca. Éste era el más revoltoso de todos los tiburones. No peleaba mucho, pero, astutamente, provocaba la mayoría de las peleas que casi todos los tiburones libraban.

—Buenos días, Dakuwaca —dijo—. Supongo que andarás buscando una nueva pelea. Me asombra ver cómo vences siempre a los otros tiburones. Me gustaría ser tan buen luchador como tú.

—Ningún tiburón es tan buen luchador como yo —dijo Dakuwaca—. Pocos se toman la molestia de desafiarme. Todos saben que soy mucho más fuerte que ellos. De hecho, estos alrededores permanecen siempre bastante tranquilos.

—Si lo que quieres es una buena batalla deberías ir a la isla de Kandavu. He oído que allí hay una criatura con la que vale la pena enfrentarse, un enorme monstruo que guarda tan bien el arrecife que resulta imposible acercarse a él. Pero nadie ha ido todavía allí porque están muy asustados —dijo Masilaca con mirada maliciosa—. Naturalmente, yo no estoy sugiriendo que tú estés asustado, tú eres mucho más fuerte. Y estoy seguro de que ningún tiburón piensa que tú puedas asustarte ante él.

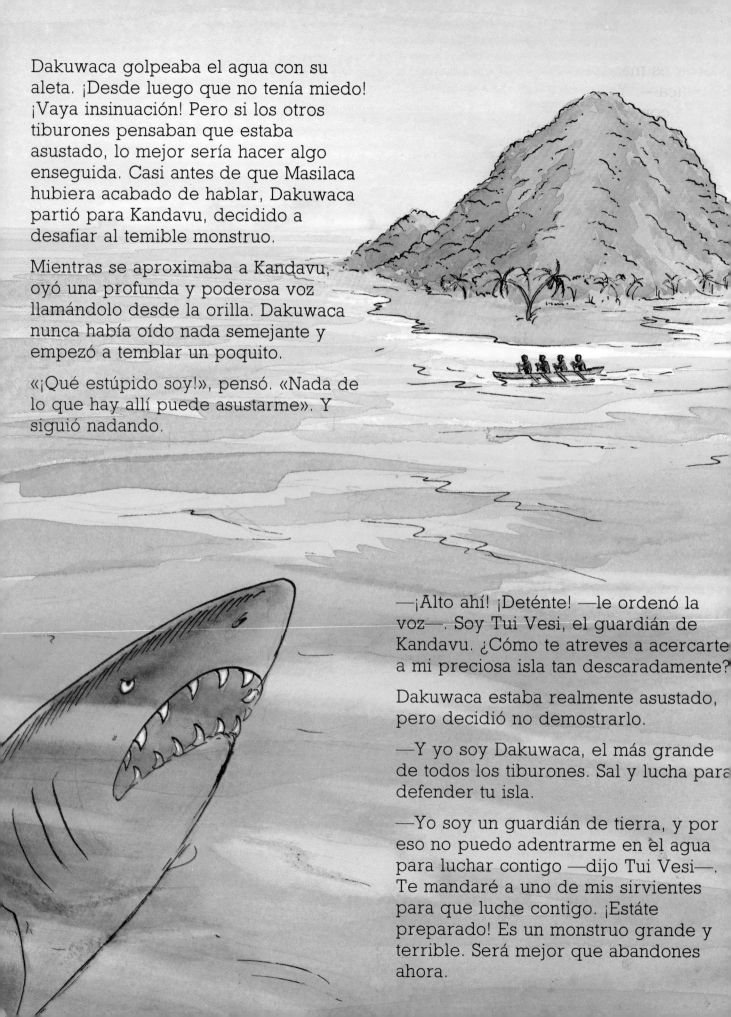

Dakuwaca golpeaba el agua con su aleta. ¡Desde luego que no tenía miedo! ¡Vaya insinuación! Pero si los otros tiburones pensaban que estaba asustado, lo mejor sería hacer algo enseguida. Casi antes de que Masilaca hubiera acabado de hablar, Dakuwaca partió para Kandavu, decidido a desafiar al temible monstruo.

Mientras se aproximaba a Kandavu, oyó una profunda y poderosa voz llamándolo desde la orilla. Dakuwaca nunca había oído nada semejante y empezó a temblar un poquito.

«¡Qué estúpido soy!», pensó. «Nada de lo que hay allí puede asustarme». Y siguió nadando.

—¡Alto ahí! ¡Deténte! —le ordenó la voz—. Soy Tui Vesi, el guardián de Kandavu. ¿Cómo te atreves a acercarte a mi preciosa isla tan descaradamente?

Dakuwaca estaba realmente asustado, pero decidió no demostrarlo.

—Y yo soy Dakuwaca, el más grande de todos los tiburones. Sal y lucha para defender tu isla.

—Yo soy un guardián de tierra, y por eso no puedo adentrarme en el agua para luchar contigo —dijo Tui Vesi—. Te mandaré a uno de mis sirvientes para que luche contigo. ¡Estáte preparado! Es un monstruo grande y terrible. Será mejor que abandones ahora.

—Nadie es más fuerte que yo —dijo Dakuwaca—. Yo no me asusto de nada. Lucharé contra tu sirviente.

Nadó alrededor del arrecife, observando mientras esperaba a su contrincante. Su cuerpo era fuerte y rápido, y sus dientes, muy afilados.

De repente, un gigantesco brazo apareció procedente del arrecife y lo agarró. ¡Un pulpo gigante! Esto sí que no se lo esperaba Dakuwaca. Aleteaba y se retorcía para librarse de aquel brazo. Sus afilados dientes no le servían porque no podía moverse. El enorme tentáculo empezó a ceder a medida que Dakuwaca se retorcía, y por un momento llegó a pensar que estaba libre. Pero no. Otros dos enormes brazos lo agarraron de forma que no se podía mover absolutamente nada. Y los brazos empezaron a estrujarlo, apretando y apretando hasta que Dakuwaca no pudo aguantar más.

—¡Ten misericordia! —suplicó—.
Perdona mi terrible presunción, Tui
Vesi.

Los brazos del pulpo aflojaron un poco,
y la poderosa voz de Tui Vesi retumbó
en el agua una vez más:

—Te liberaré, Dakuwaca, a condición
de que prometas defender a la gente
de mi isla de los tiburones que
puedan atacarla cuando salga en
sus canoas.

—¡Oh, sí! ¡Desde luego que lo
haré! —dijo Dakuwaca.

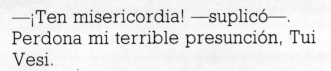

Al momento, el pulpo liberó a
Dakuwaca y él cayó al fondo,
extenuado. Cuando se recobró, partió
hacia su territorio. Desde aquel día
mantuvo su promesa y protegió la isla
de Kandavu de otros tiburones.

A pesar de sus temores, los otros
tiburones creyeron su afirmación de
que se había hecho amigo del terrible
guardián de Kandavu, y lo temían
mucho más que antes. Todos excepto
Masilaca, que es el único que se acerc
a veces a Dakuwaca para soltar la
palabra «pulpo» en una conversación,
y luego se aleja apresuradamente par
que Dakuwaca no lo atrape.

Y ésta es la causa de que todos los
pescadores de las islas Fidji teman po
sus vidas debido a los tiburones,
menos los habitantes de Kandavu, que
navegan felizmente en sus canoas.

¿VERDADERO O FALSO?

**¿Cuáles de estas preguntas son verdaderas y cuáles son falsas?
Si has leído este libro con atención, sabrás las respuestas.**

1. Casi un tercio de la superficie de la tierra está cubierta por océanos.

2. Los delfines y las ballenas pueden permanecer bajo el agua varias horas.

3. El sonido viaja a través del agua a una velocidad cinco veces mayor que a través del aire.

4. Los cuatro océanos del mundo son el Pacífico, el Atlántico, el Mediterráneo y el Egeo.

5. Una gota de agua de mar tarda 5.000 años en viajar a través de todos los océanos del mundo.

6. Los *tsunamis* son causados por erupciones volcánicas y terremotos bajo el agua.

7. El plancton es una rica mezcla hecha de restos de algas.

8. Las ballenas azules son los animales más grandes del mundo.

9. Los pulpos tienen 12 brazos y se alimentan principalmente de focas.

10. Los tiburones tienen que estar todo el tiempo moviéndose, pues, de lo contrario, se hundirían.

11. Los peces viajan en grupos hasta que aprenden a defenderse por sí mismos.

12. Las zarpas de los osos polares son anchas y planas, con membranas entre los dedos para ayudarlos a moverse en el agua.

13. Las algas marinas se emplean en la fabricación de helados.

VOCABULARIO

Arrecife de coral: Formación en cadena, normalmente bajo el agua, compuesta por pequeños animales de caparazón calcáreo, llamados pólipos.

Bahía: Entrada del mar en la costa, de extensión considerable, que puede servir de abrigo a las embarcaciones.

Continente: Gran extensión de tierra. Es más grande que una isla y normalmente se divide en varios países (excepto el continente australiano). Dos o más continentes pueden estar unidos por un istmo, o lengua de tierra.

Eco: Repeticion de un ruido, causada por el fuerte rebote de las ondas sonoras sobre un cuerpo sólido. Algunos mamíferos marinos, como los delfines, se sirven del eco para localizar el alimento y para evitar obstáculos.

Extinción: Desaparición de los últimos miembros de una especie. Esto puede deberse a capturas realizadas por el hombre, a la llegada de un animal o planta que rivalice con esa especie en su medio o a cambios medioambientales.

Fosa: Surco muy profundo. La fosa de las islas Marianas, cerca de Guam, es la más profunda que se conoce en un océano.

Golfo: Gran porción de mar que se interna en la tierra entre dos cabos.

Insecticida: Compuesto químico empleado para eliminar plagas que se alimentan de cultivos. Los pesticidas pueden ser algunas veces peligrosos para ciertas criaturas más que para las plagas que controlan.

Marea: Movimiento periódico de ascenso y descenso de las aguas del mar. Es causada por la fuerza de atracción de la Luna y el Sol sobre la Tierra.

Medio ambiente: Conjunto de condiciones en el área en que vive un animal. La supervivencia de los animales depende de su adaptación al medio.

Minerales: Componentes químicos que se encuentran en las rocas. Algunos de ellos son útiles para el hombre.

Perla: Gema pequeña, normalmente redonda y de color blanco, crema o gris azulado. Se forma lentamente, como una capa protectora alrededor de un grano de arena u otra partícula que irrita la suave carne de la ostra en la concha.

Plancton: Rica mezcla de muchos microscópicos tipos de vida. Una gran variedad de animales marinos se alimenta de él.

Sustancia contaminante: Producto sucio y venenoso, como el humo de los coches, por ejemplo, que daña el medio ambiente.

Tóxico: Perjudicial y venenoso para la vida.

ÍNDICE ALFABÉTICO